PETIT GUIDE DANS LES THÈATRES

PIÈCES EN VOGUE

JUIN 1860

yf 12858

INDICATIONS. — APPRÉCIATIONS. — CRITIQUE.

PROGRAMME ET PRIX DES PLACES

GRAND OPÉRA

Ouvert. des bureaux à 7 h. 1/2 *On commencera à à 8 h.*

PIERRE DE MÉDICIS

Opéra en quatre actes
De Saint-Georges, E. Pacini, Poniatowski

DISTRIBUTION

Pierre de Médicis	MM. Gueymard
Julien de Médicis	Bonnehée
Fra Antonio	Obin
Paolo Monte	Aimès
un soldat	Kœnig
un soldat	Meche.aere
un seigneur	Fréret.
Laura Salviati	Mmes Gueymard-L.
une dame	Bengraff

AU DEUXIÈME ACTE
LES AMOURS DE DIANE

Mmes Ferraris et Fiocre. MM. Mérante et Coralli

Au quatrième acte. **IL TRESCONE**
par Beauchet et Mlle Caroline.

La partition magistralement écrite, le talent des interprètes et la splendeur de la mise en scène, font de cet opéra une de ces merveilles dont le public ne peut jouir que rarement.

1860

MAISON BRUNET
Fondée en 1842

FABRIQUE DE PARFUMERIE

EXPORTATION

1, rue Geoffroy-Marie, 1
(faubourg-Montmartre)

COMÉDIE-FRANÇAISE

Ouvert. des Bureaux.   On commencera à
à 7 h. 1/2   8 h.

LE DUC JOB

Comédie en quatre actes de LEON LAYA

DISTRIBUTION

Marquis de Rieux	MM. Provost
Duc Jean de Rieux	Got
David	Monrose
Lebrun	Talbot
Valette	Barré
Achille David	Worms
Pacaud	E. Provost
Guérin	Mathi
Joseph	Masquillier
Mad. David	Mmes Nathalie
Emma	E. Dubois
Christine	Delisle

Le Duc Job est le véritable succès de vogue de la saison. Quelque temps qu'il fasse, la magnifique salle de notre théâtre est envahie à chaque représentation par un nombreux public. On a dépassé la centaine.

EXPOSITION UNIVERSELLE DE BESANÇON

BEAUX-ARTS. — DERNIER AVIS.

Nous rappelons à MM. les artistes que l'Exposition de Besançon s'ouvrira le 1er juin prochain, et que leurs ouvrages doivent être remis, tout emballés, du 1er *au 15 mai*, chez M. BINANT, 70, rue de Rochechouart.

Le public est, en outre, prévenu que la souscription pour les actions donnant droit au tirage de la Loterie est ouverte dès à présent, chez M. Binant. — Ces actions sont de cinq francs, et nominatives.

THÉATRE IMPÉRIAL DE L'ODÉON

Ouvert. des Bureaux
6 h. 3/4

On commencera à
7 h. 1/4

POUR LES REPRÉSENTATIONS DE

M. LAFFERRIÈRE

DANIEL LAMBERT

Drame en cinq actes, en prose

DE M. CH. DE COURCY

DISTRIBUTION :

Daniel	MM.	Laferrière.
Flambier		Tisserant.
De Vige		Thiron.
Baron Hartmann		Febvre.
Comte de Charly		Rey.
Maurice		Marck.
Premier domestique		Scipion.
Deuxième domestique		Ernest.
Louise	Mmes	Thuillier.
Madeleine		Ramelli.
Marie		Alice.

Toujours même empressement de la foule aux représentations de cette jolie pièce.

THEATRE IMPÉRIAL de L'OPÉRA-COMIQUE

Ouvert. des Bureaux
à 7 h. 1/2

On commencera à
8 h.

CHATEAU TROMPETTE

Opéra-comique en trois actes

Cormon, Michel-Carré, Gevaert

DISTRIBUTION

Duc de Richelieu	MM. Mocker
Champagne	Ste-Foy
Raffé	Lemaire
Prigousse	Berthelier
Olivier	Ponchard
Bourcant	Prilleux
Barbezieux	Duvernoy
Macoudinat	Palianti
Lise	Mmes Marie Cabel
Cadichonne	Lemercier

M. Gevaërt est le digne successeur de nos gloires musicales : sa nouvelle partition de Château-Trompette en est une preuve convaincante.

Les interprètes de son œuvre sont à la hauteur du talent du compositeur. Donc, grand succès.

THÉATRE IMPÉRIAL ITALIEN

Ouvert. des Bureaux On commencera à
à 7 h. 1|2 8 h.

ELISABETTA
REGINA D'INGLITERRA

Drame historique en 5 actes de Paolo GIACOMETTI

DISTRIBUTION

Il conte d'Essex	MM. A. Majeroni
Giacomo VI	B. Lanata
Cecilio Burgleih	G. Glecg
H. de Effingham	P. Tessero
sir Davison	C. Ristori
Francesco Raccone	G. Buti
di Mendoza	E Pescatori
Hudson	F. Vezura
un paggio	N. Majeroni
Elisabetta	Mmes A. Ristori
Sarah Howard	G. Majeróni
Anna Burgleih	G. Biagini
Maria Lambrun	L. Picchiotino

Mme Ristori vient de remporter encore une victoire en créant, comme elle seule sait créer, le nouveau rôle d'Elisabetta.

THÉATRE LYRIQUE

Ouvert. des Bureaux   *On commencera à*
à 7 h. 1/2   **8 h.**

FIDÉLIO

Op.-com. 3 actes BEETHOVEN

DISTRIBUTION

Rocco	MM. Bataille
Jean Galeas	Guardi
Stefano	Froment
le duc de Sforza	Serêne
Charles VIII	Vanaud
Fidelio	Mmes P. Viardot
Marceline	A. Faivre

Encore une résurrection de chef-d'œuvre. Merci à la direction qui persiste dans son culte servent de l'art et des grands maîtres.

GYMNASE DRAMATIQUE

Ouvert, des Bureaux à 6 h. 3|4 — On commencera à 7 1|4

Rentrée de M. LAFONTAINE

LES
PATTES DE MOUCHE
Comédie de SAVINIEN LAPOINTE

DISTRIBUTION

Prosper Block	MM. Lafontaine
Vanhove	Landrol
Busonnier	Derval
Thirion	Blaisot
Paul	Dieudonné
Baptiste	Leménil
Henri	Léon
Suzanne	Mmes Rose Chéri
Colomba	Mélanie
Clarisse	Bloch
Marthe	Antonine
Solange	Georgina
Claudine	Dieudonné

Lafontaine vient de faire une brillante rentrée dans cette pièce. Les habitués de ce théâtre fêteront le retour d'un talent si distingué et si sympathique.

THÉATRE DES VARIÉTÉS

Ouvert. des bureaux
à **6 h. 3/4**

On commencera à
7 h. 3/4

LES

AMOURS DE CLÉOPATRE

vaudeville en 3 actes

MARC-MICHEL et *DELACOUR*

DISTRIBUTION

Codeville	MM. Leclère
Gulisain	Grenier
Lardèche	Aurèle
Barbafoin	Delière
Anastase	Charier
Boisjoli	Videix
Laverdure	Théodore
Cléopâtre	Mmes Alphonsine
Eusébie	Jeanne

Cette amusante bouffonnerie a toujours le privilège d'attirer de nombreux spectateurs.

VAUDEVILLE

Ouvert. des bureaux à 7 h. 1|2 — On commencera à 8 h.

LA TENTATION

pièce en 5 actes, 6 tabl. Octave FEUILLET

DISTRIBUTION

Gontran de Vardes	MM. Lafont
Achille de Kerouare	Félix
Georges Trevelyan	Lemoigne
de Seillanes	St-Germain
Cowperson	Nertann
Dumesnil	Joliet
Durel	Bastien
Ravelet	Bachelet
un piqueur	Roger
un domestique	Lacour
Camille	Mmes D. Marquet
la douarière	Guillemin
Hélène	B. Pierson
mad. Dumesnil	Gremilly
mad. de Saulieu	Alexis
femme de chambre	Blanche

Si l'on en juge par les recettes et les applaudissements qui accompagnent chacune des représentations de cette œuvre, son succès est encore loin de s'épuiser.

THÉATRE DU PALAIS-ROYAL

Ouvert. des bureaux
à 6 h. 1|2

On commencera à
7 h.

LA SENSITIVE

v..3 a. LABICHE, DELACOUR

DISTRIBUTION

Gaudin	MM. Arnal
Bougnol	Hyacinthe
Clampignais	Brasseur
Chalandard	Luguet
Rotlanger	Mercier
Balissan	Gil-Pérès
Laure	Mmes Deschamps
mad. Rothanger	Thierret

Depuis la vogue du Chapeau de paille d'Italie, on n'avait pas eu un succès aussi complet de véritable gaieté.

THÉATRE DE LA PORTE-St-MARTIN

Ouvert. des bureaux à 6 h. 1|2 — On commencera à 7 h.

LA
CLOSERIE DES GENÊTS
Drame en cinq actes et sept tableaux
par FRÉDÉRIC SOULIÉ

Montéclain	MM. Raphaël-Félix
le général	Luguet
Kérouan	Brésil
Christophe	Valnay
George	Charly
Dominique	Vannoy
de Brias	Montaigu
d'Avatiane	Borrsat
Pornick	Bousquet
Louis	Lansoy
Maclou	Mercier
François	Besombe
un domestique	Eugène
Lucile	Mmes Juliette-Rose
Louise	Lia-Félix
Léona	Haquette
Madeleine	Darty
Mathurine	Lagrange
Mme de Brias	Morin
Mlle de Brias	Elodie

Au 3e acte, Grande Fête bretonne par Espinosa, Mmes Montplaisir, Coustou.

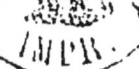

PRIX DES PLACES DANS TOUS LES THÉATRES

Paris. — Typ. de D'Aubusson et Kugelmann

www.ingramcontent.com/pod-product-compliance
Lightning Source LLC
Chambersburg PA
CBHW060635050426
42451CB00012B/2595